OMG
I'M SO BORED

SUMMARY

Discover our new release Best seller : the « would you rather » game for teenagers !

Scan the QR code to find our book on Amazon (UK store) :

Do not hesitate to leave us an opinion on this order. To find us, simply type « La Bibli des Ados" into the Amazon search engine and rate the book you purchased. We look forward to hearing from you :)

La Bibli des Ados

SUDOKU

The classic Sudoku game involves a grid of 81 squares. The grid is divided into nine blocks, each containing nine squares.

The rules of the game are simple: each of the nine blocks has to contain all the numbers 1-9 within its squares. Each number can only appear once in a row, column or box.

The difficulty lies in that each vertical nine-square column, or horizontal nine-square line across, within the larger square, must also contain the numbers 1-9, without repetition or omission.

Every puzzle has just one correct solution. Are you ready ?

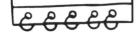

SUDOKU 1

					5		7	
7		3	8		4	5		1
4	9						3	
2			3		8		6	5
		8		1	7			
	1	9	5			8	4	7
9	7		1	5		4		2
5	8	2	7			3		9
		4				7		

SUDOKU 2

		1	4		6	7	8	
5	7		3		8			
				9		4		5
7	5	9	2	1	3		4	6
2	6		5	7	4			3
1	4			9			5	7
8							7	
4	2			8	7		9	
	3					6	2	

SUDOKU 3

8	3				2	6		
		5		7	6	8		
	6			1	5	7		
3		8			7			
7	4		5	2				8
1	5			3	8		7	4
	7	3	2			8		
6				5		3		7
9	2	4				5	1	6

SUDOKU 4

		5	9	6	1	7		
	7	8	5			6		
				8			5	
		4	3			5	8	7
3		9	1		5	4	6	2
	2							
	9	1	8			6	2	
8	5		2	1	4		7	6
		2			3	8	1	

SUDOKU 5

					9	2		1
6	7		2				8	5
3	2	9		8				6
			7			6	9	
	1	4		6		5	2	
	3	6	8				4	
		8	1		2		5	
2	5	7		3	6			
1		3		5	8	7	6	2

SUDOKU 6

7	5		3	1	8			
4				7	2			5
	8	2	5	4			3	
6			1	2			8	3
	3		7		6	2		
			8	3			6	
	7		2		1		5	
3		5		8	7	1	2	
8	2	1				6	7	9

SUDOKU 7

2	4	5	1	7	6	9		
6	3	9	8		5		2	7
	1				2			6
								3
3		6	5			7	4	
			6			5	8	
	2				4	8		1
7	5			6			9	
	6	4	9	3	8	2		5

SUDOKU 8

1	3				7	2	9	
5		8	6				3	
6								7
3		9	2		6		7	
2			3	4			6	
4	6	1	9	7		3		
	2	6	4		3		1	5
7				6				2
9	1	5	7					

SUDOKU 9

5			4					6
				6		9		
7	4	6	9	1	2	3		8
	2	3		5		9		7
	7	5			4	8		
4	1		8			5		3
		7		4			8	
	8	2			5			9
	5	4		3				2

SUDOKU 10

			4	5	8		2	7
		8	9	7			5	
5			2			8	4	
8			2	1		6		
1	5	2		6		7		
				9				3
6	8	5						4
2		7		4			6	1
3		1	6			7	5	

SUDOKU 11

7		4	8	2	3			6
		5	4	9	6			
8	6	9	5	1	7	3	2	
5	2		3	8				
3		1			4	5		
9			6			8		
					5	2		3
	5		1	3			4	
1				4	8			5

SUDOKU 12

6	4		8	2			7	1
		7		1	5	2		6
1		2		7				
9		5		8	2			
			7	6				
		8	5			3	2	7
	3	1		5	7			
	2	4	1	3		9	8	
5		6	2			7		3

SUDOKU 13

8		6		9	3			4
	3	4						9
9	5	1	2			7	6	3
	1					9	2	5
	4		1	3	5			
5		7	9			3	4	1
	6	5		2		1	3	
				1		4		
1	9		3		7	8	5	

SUDOKU 14

	3		5		6	2		1
6								5
5				3	8	9		4
	8	3	4			7	2	6
			6		3		1	
4		6	7					9
	5	8	2	6	9		4	7
1		4	3		5	6		2
		7						

SUDOKU 15

7			2					9
6	1			7		2		
3	9		1			7		
4			8	1	2	3	9	
9	2	6				8		5
5	4	7			1	2	3	
2	6	3						1
1	8	9	2	3	5			

SUDOKU 16

		6		8		4	2	
	7	4	3	2		9		1
2	6		9	4	1	8		
6	5	8			2			9
3		2		1	6			4
	4		5	9		2		
	8	9		6	7		4	
	3	1			4		9	
	2			9			1	

SUDOKU 17

5	9	7				3	8	1
	4		3				6	5
		3	5	8	9			
4				5			9	
	8	2			3		5	
		9	8	1	6	7		2
	2					4	1	7
1	3	6	9				2	8
		4			5		3	

SUDOKU 18

2		6	1		8			
5	8	1						
3	4		5				6	
			9			6		
	5		6	4	1		8	9
	9	2	8		3	1	4	5
	2					5		
1	3			5			2	7
	6	5	7			3		8

SUDOKU 19

3				6	1	5	9	
	7		3			4		1
			8		4	2	6	3
	9					1	3	
4		5		1		6	2	8
	6		5	8	3	9		
5		4		9	8		1	6
		6		3	5		4	2
		3	4				5	

SUDOKU 20

3	4	9		8	7		1	
		8	9	4		2		
	2	7		1				
			6	7	5	1		2
1		3		9				7
7		2				8	9	5
9			7				2	
2			3		4			
	7		1			3	5	8

SUDOKU 21

		3		8		5		
3		9		4				
7		8			6		2	3
2							8	
8		6		4	7		1	
	3				5			4
	7	2			9	1	3	8
4			7	8	2	6		5
6	8	9	1			7	4	

SUDOKU 22

		4	5	6	3	7		
6	1		2		4	8		5
3						4	9	
	7			1	6		4	3
8	9	6			5		7	2
				2		5	6	8
	6		4				5	
	2				7	3		
4			1	9	5	2		8

SUDOKU 23

9	4		5			7	8	6
	6	7		1	4	3		5
	3				6			1
			6		8	1	3	
			4	2	3		9	
	8	3		9	1			2
			1	4	5		6	
			3	8	7			9
3	1	4	2		9		7	

SUDOKU 24

1		7	5	4			6	
4				6	8		1	
		8	9		1		4	
2	6	1			5		9	8
5					6	7		
		1						
	1	6	4	5		3	2	
3	5	4	8	2	9	1		6
	7				3			

SUDOKU 25

8		9				1	5	
		2		1	7	3	4	
	3		5	6	8			7
	8			2		4		
		4	8			7	1	
6	1			4	3		8	9
2	5		3			8		4
	4			8		5	7	2
		8	4	5				

SUDOKU 26

9			5	2				1
2			3	7				
7	8	1		9		2		
			5			3	9	
4		2	6	3	9			
3	9	5	8				2	6
	6	9			3	5		
	7		8	5			6	3
	4		1		7			

SUDOKU 27

6					2			5
							8	7
5	2		4	7	8		1	6
			3			8	6	2
2	6	3				7		4
8	4	7			6		9	
	5				3	6	7	
	9	1			7	5	2	8
	8			2	9	4		1

SUDOKU 28

			5			1	9	
6			1				2	3
	1	9		2		8	5	6
9	2	8			4			
7			6			5	9	
3		5			2		4	1
1		6			3	2	7	9
	7	3			8	5	1	4
		4	2				6	

SUDOKU 29

	7	8						
9	3	5	7	4			2	
	4	6	5					
	2	3		1			5	7
7		9		5	4	3		1
		1	3	7	9			
	9		1		8			3
	8					2		
3	1	7	4	2	5			6

SUDOKU 30

5				9				6
	1	2		6		5	7	9
6					5	2	8	
1	5	8	3				9	7
			5	1	8			
	2		7	4		8		
	6			3	9		5	8
8			2		7	9		
	7	5		8				4

SUDOKU 31

	1	9		4				
	7			1		5	4	9
	8	5	3	7				1
2	6	3			1		7	
	4	1	2				5	
		7	6	3		2	1	4
	9	4	1	2		8		5
	3		7			1		
			9	8	5	4	3	

SUDOKU 32

	7	6	3	4				8
	3	5	1	8	2	6	9	7
2				7	6		5	3
		4	5	1		8	3	
				2			1	
1		2		3		9	6	4
5						3		
3	2				7			6
6	8			5				1

SUDOKU 33

	5	1	9					7
9	7	8	2		6	5		
4	2	6						
	4	7	8		5	3	9	1
8	3	9				6	2	5
		5		6		7		
			4			8		
	9	3	5					6
1	8		6		7			

SUDOKU 34

5					1	6	4	
4	2		5	3	7	8		
1	9		6		4			5
8		7	4					
	4	1		8			6	
	6		7	9	5			
			8		6			
		9		3	1	5		
1	4	9	2	5	3	7	8	

SUDOKU 35

9	2				8	1	3	6
	4		3				2	8
			2	9		7		4
								3
3	6	2	9		4	5	1	7
		4		1	3	6		
		8					6	1
2	9	7	1			3		5
5					2	4		9

SUDOKU 36

6	5		1	4			8	
		3					9	
4			9	7				6
8	4					7	6	2
	3	7		2				1
		1		8			4	
	1		8		2	6	3	9
	9	6	7	3		4		8
3	2			6		7		

SUDOKU 37

1	2	4					3	7
		6	3	8		1	4	
	7		4	2	1	6	9	5
	9		1		2	7		
7		3			4		2	
6	8	2	7			5	1	
		1			3			9
	3	9	2	1	6		7	
			9				5	

SUDOKU 38

8				7		3		4
9		5			3			2
1	7	3		2		8	5	
	9		4	8	1		6	
6			3	9				8
	1					4		7
4	3		1		7	2		6
			2			9		5
	6		3	9	8	7		

SUDOKU 39

5			4	6				
		9				5	1	
7		2						
4		6		7			2	
9	1	8	6	2	3			4
	7		5	1	4	6		8
6	3		1	4	7	9		
	2		8					5
	9	7	2	3				1

SUDOKU 40

	7				5	8	9	1
9	2	1	8		7	3	6	
5		6		1		2		7
					8	4	7	3
		5		7	2		8	
	3	7						2
6	9			2	4	7		
1		8	7			5		
7			1		6	9		4

SUDOKU 1

8	2	1	9	3	5	6	7	4
7	6	3	8	2	4	5	9	1
4	9	5	6	7	1	2	3	8
2	4	7	3	9	8	1	6	5
6	5	8	4	1	7	9	2	3
3	1	9	5	6	2	8	4	7
9	7	6	1	5	3	4	8	2
5	8	2	7	4	6	3	1	9
1	3	4	2	8	9	7	5	6

SUDOKU 2

3	9	1	4	5	6	7	8	2
5	7	4	3	2	8	1	6	9
6	8	2	7	9	1	4	3	5
7	5	9	2	1	3	8	4	6
2	6	8	5	7	4	9	1	3
1	4	3	8	6	9	2	5	7
8	1	6	9	3	2	5	7	4
4	2	5	6	8	7	3	9	1
9	3	7	1	4	5	6	2	8

SUDOKU 3

8	3	7	4	9	2	6	5	1
4	1	5	3	7	6	8	9	2
2	6	9	8	1	5	7	4	3
3	9	8	1	4	7	2	6	5
7	4	6	5	2	9	1	3	8
1	5	2	6	3	8	9	7	4
5	7	3	2	6	1	4	8	9
6	8	1	9	5	4	3	2	7
9	2	4	7	8	3	5	1	6

SUDOKU 4

4	3	5	9	6	1	7	2	8
9	7	8	5	3	2	6	4	1
2	1	6	4	8	7	3	5	9
1	6	4	3	2	9	5	8	7
3	8	9	1	7	5	4	6	2
5	2	7	6	4	8	1	9	3
7	9	1	8	5	6	2	3	4
8	5	3	2	1	4	9	7	6
6	4	2	7	9	3	8	1	5

SUDOKU 5

8	4	5	6	9	7	2	3	1
6	7	1	2	4	3	9	8	5
3	2	9	5	8	1	4	7	6
5	8	2	7	1	4	6	9	3
7	1	4	3	6	9	5	2	8
9	3	6	8	2	5	1	4	7
4	6	8	1	7	2	3	5	9
2	5	7	9	3	6	8	1	4
1	9	3	4	5	8	7	6	2

SUDOKU 6

7	5	6	3	1	8	4	9	2
4	9	3	6	7	2	8	1	5
1	8	2	5	4	9	7	3	6
6	4	7	1	2	5	9	8	3
5	3	8	7	9	6	2	4	1
2	1	9	8	3	4	5	6	7
9	7	4	2	6	1	3	5	8
3	6	5	9	8	7	1	2	4
8	2	1	4	5	3	6	7	9

SUDOKU 7

2	4	5	1	7	6	9	3	8
6	3	9	8	4	5	1	2	7
8	1	7	3	9	2	4	5	6
5	9	2	4	8	7	6	1	3
3	8	6	5	1	9	7	4	2
4	7	1	6	2	3	5	8	9
9	2	3	7	5	4	8	6	1
7	5	8	2	6	1	3	9	4
1	6	4	9	3	8	2	7	5

SUDOKU 8

1	3	4	8	5	7	2	9	6
5	7	8	6	2	9	4	3	1
6	9	2	1	3	4	8	5	7
3	8	9	2	1	6	5	7	4
2	5	7	3	4	8	1	6	9
4	6	1	9	7	5	3	2	8
8	2	6	4	9	3	7	1	5
7	4	3	5	6	1	9	8	2
9	1	5	7	8	2	6	4	3

SUDOKU 9

5	9	8	4	7	3	2	1	6
2	3	1	5	8	6	7	9	4
7	4	6	9	1	2	3	5	8
8	2	3	6	5	1	9	4	7
6	7	5	3	9	4	8	2	1
4	1	9	8	2	7	5	6	3
3	6	7	2	4	9	1	8	5
1	8	2	7	6	5	4	3	9
9	5	4	1	3	8	6	7	2

SUDOKU 10

9	1	6	4	5	8	3	2	7
4	2	8	9	7	3	1	5	6
5	7	3	2	1	6	8	4	9
8	3	9	7	2	1	4	6	5
1	5	2	3	6	4	7	9	8
7	6	4	5	8	9	2	1	3
6	8	5	1	3	2	9	7	4
2	9	7	8	4	5	6	3	1
3	4	1	6	9	7	5	8	2

SUDOKU 11

7	1	4	8	2	3	9	5	6
2	3	5	4	9	6	1	8	7
8	6	9	5	1	7	3	2	4
5	2	6	3	8	1	4	7	9
3	8	1	9	7	4	5	6	2
9	4	7	6	5	2	8	3	1
4	9	8	7	6	5	2	1	3
6	5	2	1	3	9	7	4	8
1	7	3	2	4	8	6	9	5

SUDOKU 12

6	4	9	8	2	3	5	7	1
3	8	7	4	1	5	2	9	6
1	5	2	6	7	9	4	3	8
9	7	5	3	8	2	1	6	4
2	1	3	7	6	4	8	5	9
4	6	8	5	9	1	3	2	7
8	3	1	9	5	7	6	4	2
7	2	4	1	3	6	9	8	5
5	9	6	2	4	8	7	1	3

SUDOKU 13

8	2	6	7	9	3	5	1	4
7	3	4	6	5	1	2	8	9
9	5	1	2	8	4	7	6	3
6	1	3	4	7	8	9	2	5
2	4	9	1	3	5	6	7	8
5	8	7	9	6	2	3	4	1
4	6	5	8	2	9	1	3	7
3	7	8	5	1	6	4	9	2
1	9	2	3	4	7	8	5	6

SUDOKU 14

8	3	9	5	4	6	2	7	1
6	4	1	9	2	7	8	3	5
5	7	2	1	3	8	9	6	4
9	8	3	4	5	1	7	2	6
7	2	5	6	9	3	4	1	8
4	1	6	7	8	2	3	5	9
3	5	8	2	6	9	1	4	7
1	9	4	3	7	5	6	8	2
2	6	7	8	1	4	5	9	3

SUDOKU 15

7	5	4	3	2	6	1	8	9
6	1	8	9	4	7	5	2	3
3	9	2	1	5	8	6	7	4
4	7	5	8	1	2	3	9	6
9	2	6	4	7	3	8	1	5
8	3	1	5	6	9	7	4	2
5	4	7	6	9	1	2	3	8
2	6	3	7	8	4	9	5	1
1	8	9	2	3	5	4	6	7

SUDOKU 16

9	1	5	6	7	8	4	2	3
8	7	4	3	2	5	9	6	1
2	6	3	9	4	1	8	5	7
6	5	8	4	3	2	1	7	9
3	9	2	7	1	6	5	8	4
1	4	7	8	5	9	2	3	6
5	8	9	1	6	7	3	4	2
7	3	1	2	8	4	6	9	5
4	2	6	5	9	3	7	1	8

SUDOKU 17

5	9	7	2	6	4	3	8	1
2	4	8	3	7	1	9	6	5
6	1	3	5	8	9	2	7	4
4	6	1	7	5	2	8	9	3
7	8	2	4	9	3	1	5	6
3	5	9	8	1	6	7	4	2
9	2	5	6	3	8	4	1	7
1	3	6	9	4	7	5	2	8
8	7	4	1	2	5	6	3	9

SUDOKU 18

2	7	6	1	3	8	9	5	4
5	8	1	4	6	9	7	3	2
3	4	9	5	2	7	8	6	1
8	1	4	2	9	5	6	7	3
7	5	3	6	4	1	2	8	9
6	9	2	8	7	3	1	4	5
9	2	7	3	8	4	5	1	6
1	3	8	9	5	6	4	2	7
4	6	5	7	1	2	3	9	8

SUDOKU 19

3	4	8	2	6	1	5	9	7
6	7	2	3	5	9	4	8	1
1	5	9	8	7	4	2	6	3
8	9	7	6	4	2	1	3	5
4	3	5	9	1	7	6	2	8
2	6	1	5	8	3	9	7	4
5	2	4	7	9	8	3	1	6
9	8	6	1	3	5	7	4	2
7	1	3	4	2	6	8	5	9

SUDOKU 20

3	4	9	2	8	7	5	1	6
5	1	8	9	4	6	2	7	3
6	2	7	5	1	3	9	8	4
8	9	4	6	7	5	1	3	2
1	5	3	8	9	2	6	4	7
7	6	2	4	3	1	8	9	5
9	3	5	7	6	8	4	2	1
2	8	1	3	5	4	7	6	9
4	7	6	1	2	9	3	5	8

SUDOKU 21

9	2	1	3	7	8	4	5	6
3	6	5	9	2	4	8	7	1
7	4	8	5	1	6	9	2	3
2	9	4	6	3	1	5	8	7
8	5	6	2	4	7	3	1	9
1	3	7	8	9	5	2	6	4
5	7	2	4	6	9	1	3	8
4	1	3	7	8	2	6	9	5
6	8	9	1	5	3	7	4	2

SUDOKU 22

9	8	4	5	6	3	7	2	1
6	1	7	2	9	4	8	3	5
3	5	2	1	7	8	4	9	6
2	7	5	8	1	6	9	4	3
8	9	6	3	4	5	1	7	2
1	4	3	7	2	9	5	6	8
7	6	8	4	3	1	2	5	9
5	2	9	6	8	7	3	1	4
4	3	1	9	5	2	6	8	7

SUDOKU 23

9	4	1	5	3	2	7	8	6
8	6	7	9	1	4	3	2	5
5	3	2	8	7	6	9	4	1
2	7	9	6	5	8	1	3	4
1	5	6	4	2	3	8	9	7
4	8	3	7	9	1	6	5	2
7	9	8	1	4	5	2	6	3
6	2	5	3	8	7	4	1	9
3	1	4	2	6	9	5	7	8

SUDOKU 24

1	9	7	5	4	2	8	6	3
4	2	5	3	6	8	9	1	7
6	3	8	9	7	1	2	4	5
2	6	1	7	3	5	4	9	8
5	4	9	2	8	6	7	3	1
7	8	3	1	9	4	6	5	2
8	1	6	4	5	7	3	2	9
3	5	4	8	2	9	1	7	6
9	7	2	6	1	3	5	8	4

SUDOKU 25

8	7	9	2	3	4	1	5	6
5	6	2	9	1	7	3	4	8
4	3	1	5	6	8	9	2	7
9	8	7	1	2	5	4	6	3
3	2	4	8	9	6	7	1	5
6	1	5	7	4	3	2	8	9
2	5	6	3	7	1	8	9	4
1	4	3	6	8	9	5	7	2
7	9	8	4	5	2	6	3	1

SUDOKU 26

9	3	4	5	2	8	6	1	7
2	5	6	3	7	1	8	4	9
7	8	1	4	9	6	2	3	5
6	1	8	7	5	2	3	9	4
4	7	2	6	3	9	1	5	8
3	9	5	8	1	4	7	2	6
8	6	9	2	4	3	5	7	1
1	2	7	9	8	5	4	6	3
5	4	3	1	6	7	9	8	2

SUDOKU 27

6	7	8	3	1	2	9	4	5
1	3	4	9	6	5	2	8	7
5	2	9	4	7	8	3	1	6
9	1	5	7	3	4	8	6	2
2	6	3	8	9	1	7	5	4
8	4	7	2	5	6	1	9	3
4	5	2	1	8	3	6	7	9
3	9	1	6	4	7	5	2	8
7	8	6	5	2	9	4	3	1

SUDOKU 28

8	3	2	4	5	6	1	9	7
6	5	7	1	8	9	4	2	3
4	1	9	3	2	7	8	5	6
9	2	8	7	1	4	6	3	5
7	4	1	6	3	5	9	8	2
3	6	5	8	9	2	7	4	1
1	8	6	5	4	3	2	7	9
2	7	3	9	6	8	5	1	4
5	9	4	2	7	1	3	6	8

SUDOKU 29

1	7	8	6	9	2	5	3	4
9	3	5	7	4	1	6	2	8
2	4	6	5	8	3	1	7	9
4	2	3	8	1	6	9	5	7
7	6	9	2	5	4	3	8	1
8	5	1	3	7	9	4	6	2
5	9	2	1	6	8	7	4	3
6	8	4	9	3	7	2	1	5
3	1	7	4	2	5	8	9	6

SUDOKU 30

5	8	3	7	9	2	1	4	6
4	1	2	8	6	3	5	7	9
6	9	7	1	4	5	2	8	3
1	5	8	3	2	6	4	9	7
7	4	9	5	1	8	6	3	2
3	2	6	9	7	4	8	1	5
2	6	1	4	3	9	7	5	8
8	3	4	2	5	7	9	6	1
9	7	5	6	8	1	3	2	4

SUDOKU 31

6	1	9	5	4	2	7	8	3
3	7	2	8	1	6	5	4	9
4	8	5	3	7	9	6	2	1
2	6	3	4	5	1	9	7	8
8	4	1	2	9	7	3	5	6
9	5	7	6	3	8	2	1	4
7	9	4	1	2	3	8	6	5
5	3	8	7	6	4	1	9	2
1	2	6	9	8	5	4	3	7

SUDOKU 32

9	7	6	3	4	5	1	2	8
4	3	5	1	8	2	6	9	7
2	1	8	9	7	6	4	5	3
7	6	4	5	1	9	8	3	2
8	9	3	6	2	4	7	1	5
1	5	2	7	3	8	9	6	4
5	4	7	2	6	1	3	8	9
3	2	1	8	9	7	5	4	6
6	8	9	4	5	3	2	7	1

SUDOKU 33

3	5	1	9	4	8	2	6	7
9	7	8	2	1	6	5	3	4
4	2	6	7	5	3	1	8	9
6	4	7	8	2	5	3	9	1
8	3	9	1	7	4	6	2	5
2	1	5	3	6	9	7	4	8
5	6	2	4	9	1	8	7	3
7	9	3	5	8	2	4	1	6
1	8	4	6	3	7	9	5	2

SUDOKU 34

5	7	8	2	9	1	6	4	3
4	2	6	5	3	7	8	1	9
1	9	3	6	8	4	7	2	5
8	5	7	4	6	2	9	3	1
9	4	1	3	5	8	2	6	7
3	6	2	1	7	9	5	8	4
7	3	5	8	1	6	4	9	2
2	8	9	7	4	3	1	5	6
6	1	4	9	2	5	3	7	8

SUDOKU 35

9	2	5	4	7	8	1	3	6
7	4	1	3	6	5	9	2	8
6	8	3	2	9	1	7	5	4
1	5	9	6	2	7	8	4	3
3	6	2	9	8	4	5	1	7
8	7	4	5	1	3	6	9	2
4	3	8	7	5	9	2	6	1
2	9	7	1	4	6	3	8	5
5	1	6	8	3	2	4	7	9

SUDOKU 36

6	5	9	1	4	3	2	8	7
1	7	3	2	6	8	5	9	4
4	8	2	9	7	5	3	1	6
8	4	5	3	1	9	7	6	2
9	3	7	6	2	4	8	5	1
2	6	1	5	8	7	9	4	3
7	1	4	8	5	2	6	3	9
5	9	6	7	3	1	4	2	8
3	2	8	4	9	6	1	7	5

SUDOKU 37

1	2	4	6	9	5	8	3	7
9	5	6	3	8	7	1	4	2
3	7	8	4	2	1	6	9	5
4	9	5	1	6	2	7	8	3
7	1	3	8	5	4	9	2	6
6	8	2	7	3	9	5	1	4
8	4	1	5	7	3	2	6	9
5	3	9	2	1	6	4	7	8
2	6	7	9	4	8	3	5	1

SUDOKU 38

8	2	6	9	7	5	3	1	4
9	4	5	8	1	3	6	7	2
1	7	3	6	2	4	8	5	9
2	9	7	4	8	1	5	6	3
6	5	4	7	3	9	1	2	8
3	1	8	5	6	2	4	9	7
4	3	9	1	5	7	2	8	6
7	8	1	2	4	6	9	3	5
5	6	2	3	9	8	7	4	1

SUDOKU 39

5	8	1	4	6	9	2	3	7
3	4	9	7	8	2	5	1	6
7	6	2	3	5	1	8	4	9
4	5	6	9	7	8	1	2	3
9	1	8	6	2	3	7	5	4
2	7	3	5	1	4	6	9	8
6	3	5	1	4	7	9	8	2
1	2	4	8	9	6	3	7	5
8	9	7	2	3	5	4	6	1

SUDOKU 40

3	7	4	2	6	5	8	9	1
9	2	1	8	4	7	3	6	5
5	8	6	9	1	3	2	4	7
2	1	9	6	5	8	4	7	3
4	6	5	3	7	2	1	8	9
8	3	7	4	9	1	6	5	2
6	9	3	5	2	4	7	1	8
1	4	8	7	3	9	5	2	6
7	5	2	1	8	6	9	3	4

WORD SEARCH

In each grid are ç words that teenagers like you are used to using. Some of them are not very well known, others are very common, and you'll have to find them all! They can be arranged vertically, horizontally, diagonally and from left to right as well as from right to left. So, are you ready ?

Puzzle #1

```
L U R D S C H H G L A D B
N U E O A G W Z E Z E B I
J M L Y T X F P A A S J K
S S A E N J C P D K N M W
X K T T O J U M P F L I G
O B I A I Z O O Q I C R I
B F O T T C T D Y T Z P O
D V N V A I C E C R E A M
R X S F R Y O L A K X S B
X B H W E E O N I C U T Q
E X I O N I I B B P H A W
N K P X E N F V B S K E A
S A Y E G M I E F R G Y R
```

BIKE   GENERATION   ICECREAM
JUMP   MODEL   PASTA
RELATIONSHIP   STATION   TEACHER

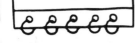

```
H  L  H  L  E  Y  D  E  O  W  H  X  M
D  F  D  B  I  B  S  J  E  M  S  O  L
V  E  W  V  R  U  S  B  L  Z  S  R  B
I  V  N  C  E  L  Y  T  S  E  E  R  F
E  L  J  D  T  C  R  L  A  S  D  H  F
S  B  B  G  W  T  E  X  M  L  I  F  U
L  I  X  R  E  H  C  H  A  T  U  K  B
C  Z  S  J  E  G  T  J  J  U  H  J  X
C  Z  N  T  T  I  P  K  Y  R  A  I  D
Y  N  N  L  B  N  R  B  P  M  P  O  G
X  H  Q  M  R  C  E  B  Y  D  X  E  J
R  M  R  I  K  J  O  E  G  Y  I  N  W
R  I  M  U  J  H  X  G  T  Q  J  F  Y
```

BFF	**CHAT**	**DIARY**
FREESTYLE	**KISS**	**NIGHTCLUB**
PYJAMAS	**RETWEET**	**TEEN**

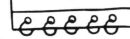

```
O P B E T F S P E S Z B J
Z D F M X M B K O G X X C
W U D A E R R C M I H R J
H T L G M Q N K B Z R H O
T E D A E B X O H I V Z N
R J C Z T M N O O E M R Y
X T T I V N V W D V T F K
Y D T N E M A N R U O T J
R S W E E T U Y A N Q U P
P O T M M T N B I P S V F
P U C O V A Q X L B Y P T
F N X V R F G O L N J P Q
W D G H V Y A X E Q T C Q
```

FAM   GAME   MAGAZINE
READ   RELAX   SOUND
STORY   SWEET   TOURNAMENT

Puzzle #4

```
V X S S E R D I F K M R S
H B Q M X B J U N A D N A
Q C U R V E B C N B J A S
W C A R R Y G W O U I M F
M A R F H V Z A I G L V Z
G L E V A R T Z S Q A M N
E K G I N N F H I S V O B
N V Q A G X C P V T E A S
G U F B R Q Q Y E J Y M W
K X Y T Y Z Z Y L R Y O B
B W R U Z X P I E A X O P
Z X T W J A O F T U I N P
G O E L J S R Y R O J X U
```

CARRY	CURVE	DRESS
FANCY	HANGRY	MESSAGE
SQUARE	TELEVISION	TRAVEL

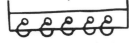

Puzzle #5

```
D M N X L T Z S B L F C X
L U O H N V L R O Y W Q J
U E I C Z Z G Y Y R R Q I
M Z S E N O H P D A E H F
I D S P O O L U B R H X D
U B I H O R X Q K B T L Q
V K M H W R J I I I O N M
J R R V T S T F W L M G F
A E E T D C G J I P X P U
U X P D H B R T H W K K W
F M A E R T S H T I A N L
B G N I L E E F G X L F Q
M D D A P W B O P D R O S
```

FEELING   HEADPHONES   KITCHEN

LIBRARY   MOTHER   PERMISSION

POOL   SPORT   STREAM

Puzzle #6

```
M  C  Z  J  T  E  W  S  Q  N  W  S  A
L  H  B  S  K  B  U  O  M  X  F  S  A
S  F  U  N  J  C  W  R  B  J  P  R  F
G  C  N  F  X  F  L  E  A  D  E  R  F
P  I  O  F  S  W  A  M  A  G  J  K  K
P  B  E  O  X  U  F  E  N  B  A  U  E
X  T  X  C  T  H  T  R  E  N  I  U  M
B  C  W  I  A  E  D  T  P  R  J  T  R
S  Q  F  Q  Z  A  R  X  D  X  V  V  Q
T  U  Y  A  N  A  I  E  B  R  V  S  Y
L  B  C  C  D  O  V  D  P  G  T  R  A
E  G  E  I  R  V  E  W  D  G  T  W  U
V  F  O  L  L  O  W  R  Y  D  L  E  B
```

BAE	BEAUTIFUL	DANCE
DRIVE	EXTREME	FOLLOW
LEADER	RADIO	SCOOTER

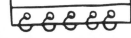

```
Y  Y  S  Z  T  G  F  F  X  R  M  M  T
S  S  K  L  B  Q  Q  S  E  M  G  P  H
J  C  P  G  H  H  N  Q  W  L  M  I  R
Y  S  Z  V  Q  K  C  M  Z  Y  F  I  L
R  L  R  S  E  M  A  G  O  E  D  I  V
P  L  H  O  U  Z  G  P  Z  A  D  Q  K
M  O  N  E  Y  G  E  W  T  F  G  O  V
W  G  T  B  K  F  A  M  I  L  Y  J  F
F  P  T  P  S  O  M  R  C  B  U  D  X
V  M  F  A  A  G  M  E  K  Z  A  U  E
F  Z  P  R  K  L  V  S  C  S  K  K  I
B  R  O  T  C  U  R  T  S  N  I  X  S
Z  L  R  Y  W  N  J  Q  Y  O  F  F  Q
```

FAMILY   INSTRUCTOR   LAPTOP

MONEY   PARTY   SHOW

SMOKE   SUGAR   VIDEOGAMES

Puzzle #8

```
U  J  L  I  N  D  L  Q  S  T  Y  C  S
T  P  Y  Q  Q  M  G  S  H  M  T  D  M
G  I  Y  F  T  L  H  A  T  N  O  T  J
E  K  X  V  R  A  D  T  P  X  K  O  I
I  E  S  F  G  I  V  I  R  X  N  J  M
J  D  R  Y  K  C  E  X  S  H  P  O  V
F  O  P  P  A  R  T  N  E  R  N  T  N
F  Q  A  M  E  D  E  S  D  V  X  T  J
U  I  E  V  C  N  I  C  C  S  I  F  X
L  R  A  R  X  N  C  L  E  H  H  I  R
A  S  K  Q  G  Z  A  I  O  S  O  I  C
A  H  S  L  C  Y  S  T  L  H  S  O  P
S  M  E  E  T  I  N  G  O  J  P  F  L
```

CAMERA	FRIENDSHIP	HOLIDAYS
MEETING	PARTNER	PENCIL
RECESS	SCHOOL	SINGLE

```
K N E Y R J O K T K Q Z O
F H P A O Z Q F T E C O S
Z D O F V X U F K Q V M N
D I S C U S S Z L G D Y T
O V X S N J B Z Q L L X M
B V A W I N N E R A P W K
Y N I P V S G T T K V E X
Q S D R E A M W P K X H I
V Q O X R T O C U K M K D
Q D F E S T I V A L F G C
X I J K I H H U X N P U H
S Q O Y T W T I N R D Z Q
T A I F Y R T N U O C Y M
```

CANDY	COUNTRY	DISCUSS
DREAM	FESTIVAL	OMG
PET	UNIVERSITY	WINNER

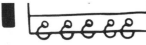

```
Y U C X C M X D S H A K E
E K Z A J M P E A C E P X
F L B B D H B L Z T P T P
X D A Z U X I E Z I I Z L
A Q W U U K J C I W J O O
O W E F W Y Y N P S M P R
R Z J N V E M A O I O A E
Y B Q A X B O C J T T R Y
W C X C P U O A O I I O U
R V Z A Y V W K U G V E S
Z U V S B L B G Q H A P D
X F T N M O Z D S T T Y R
R U M G Q H P Y V S E P R
```

CANCELED   **EXPLORE**   **GUITAR**
MOTIVATE   **PEACE**   **PIZZA**
SHAKE   **SWITCH**   **TIGHT**

```
E E G N A O J A O I V B K
G T W I S U M R L R G D P
S F P H Q V O L H R Y L G
E C X I Y T W Y H P F S F
S U B Q X R F U Y F Z K P
F D E K S U G E Y H T B H
C S K A T E B O A R D Z S
L Q E U O O X S D T V E Q
X L R U L U N C H T I M E
K E A C O M P U T E R C G
B I J O M E Y V R V S D V
Z O C O J G P R I V A T E
B D P L A Y E R B T A Y S
```

BIRTHDAY	COMPUTER	COOL
EMOJI	FUTURE	LUNCHTIME
PLAYER	PRIVATE	SKATEBOARD

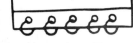

Puzzle #12

```
H H Y U D I X S P M X V L
I R L N M N T G M J N N W
P C Q O K L E J H U B C N
H C U X U T Z I Q O I H O
N U Q V A H B C R S S A I
J H E D S R O H U F K T T
X B P O U I F M M Z Y R A
I U T N R R W F D V O O R
T M X K M Q N U F M N O B
B Q Z B T Z N Q A X L M E
Z U A Y Y A L N T Z I T L
Q Q L D X N C A T U N X E
B B C I C E L Y T S E P C
```

BOYFRIEND	CELEBRATION	CHATROOM
GHOST	MUSIC	ONLINE
ROMANCE	STYLE	UPDATE

Puzzle #13

```
U L O L Y X Q D O K I G Y
H A N D U Q F T S I T I G
V J B M B T P F Y P H S O
M K H D V E Q D B E D N A
X R K K X N R A X P U S V
H A J N I A T P A C Z A L
R S L U Y U E D I H Q L M
O Q C A K R G C Q H X H Y
C N G J I B O O N F S D W
Y Y K E N O I T A C U D E
E T N C H N W N S K I L L
N C H I L L G L A I C O S
E O S N J V M J V G H H M
```

CAPTAIN	CHILL	EDUCATION
EXPERIENCE	HISTORY	NOOB
SHIP	SKILL	SOCIAL

```
U T F I P L E D I R O Z D
U D R M N C L T S X V P Y
V U E S G U Q Y W B N W T
Z Q N R T J C P J D T S K
Q S D O C Q Z Y F K F U Y
Q E F K I B D I M C S S B
X L B O R E M M U S D T P
O U E E N E T C H P E S O
S C A G R L T A P R L U N
Q K T C F R R S Q O H N I
E Y A I I E D L I C W S R
N S L L P K J N O S S E L
T P F N Q M C M E F I T R
```

BREAK   **FLIRT**   **LESSON**
LUCKY   **POWER**   **SHARE**
SISTER   **SUMMER**   **SUNSET**

```
J A U J X Z U N V A D F P
J D R D R K F X V Z G N M
N N R G B I X J T U N E S
R T A Z E O W H R X I T R
O Q F K E V H F O D T W W
G R U P G M J C P Q N O O
H C E B N X J U R G I R N
R P D N E G E L I F A K F
F K A U L R N I A N P R S
M C T D L O L E H M J K B
B I E B A W C P T E I B I
A A D N H N F K B P V N B
A K W O C V V E W B Q R A
```

AIRPORT   **ANIMAL**   **CHALLENGE**
DATE   **GROW**   **LEGEND**
NETWORK   **PAINTING**   **TUNES**

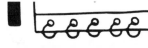

Puzzle #16

```
G E N B S V I A T K F J J
P R R I Y V B S S I P Y R
S W Z O C G C M E G A H Q
N J R D H Z P K R V O P T
U R T R O Y A A A T I A S
N F N O I F N W W C E D T
C Q O T M D Q Z T M Y O R
B O X J P L X U F J R S E
P R R A L U R P O K O J A
Q P Y I N E E R S H J H M
V G X S Y W V K C U P B I
N G U R Q A E E A A K K N
I F F A D K I J L M D G G
```

FAKE   GOAT   GRANDPA
LEVEL   MAKEUP   PICTURE
SODA   SOFTWARE   STREAMING

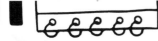

```
K J C F M O B Z Y C O Y U
X I V I H B L N Q I N D M
J M V A T Y Q B O I D H B
N H T B E S N N E E E N I
I T H U H X A Y B A U A P
X N N A P R M T E Z E H D
U E V E I X B X N E Y L Z
V D X V R R P E E A B S S
Q U W W O A C T D J F P D
P T U T U T P U V R D M B
A S H O O K O P T L O R A
H E L K T T U H W I J O A
R C E X R V L I P Y O C M
```

BEDROOM **BROTHER** **FANTASTIC**
HAIRCUT **PARENT** **PHOTO**
SHOOK **STUDENT** **TEXT**

```
I  I  K  M  G  B  O  T  B  Z  F  T  O
Z  R  I  F  M  H  F  X  Y  T  O  F  V
O  G  A  Y  L  G  N  N  F  J  U  J  Q
G  N  I  S  L  L  C  B  M  Q  V  Z  F
I  Z  A  K  R  P  U  S  A  U  L  Q  Q
R  C  M  V  M  H  R  Q  F  S  W  B  V
L  L  A  B  T  O  O  F  F  L  V  N  V
F  M  Z  R  X  N  O  A  A  P  I  Y  M
R  X  I  U  S  E  Y  D  T  T  D  C  Z
I  Y  N  H  X  W  L  M  C  W  H  Z  R
E  E  G  L  L  X  D  H  N  H  O  E  Y
N  Y  C  D  D  D  B  H  R  J  X  H  R
D  O  O  F  T  S  A  F  J  Q  H  J  G
```

AMAZING	BRUH	FASTFOOD
FATHER	FOOTBALL	GIRLFRIEND
MOOD	PHONE	SING

```
F K R O W E M O H W J G H
Z M C E L O S I P C H R Y
R N O I H S A F A S P G M
G S X D R T S R Z J O R B
V X G C E T L I J L L A W
U W L C U G C E O F L N Y
A C W D T W D N S W R D S
O L Y X J I H D I E L M S
O T Z W S C J S E X C A Z
P I G T E L P Y T J E B Y
K N U T G Z J P E R E Z A
J O G G I N G E I U G H Y
I O R T Q Z E W H N W U F
```

FASHION   **FRIENDS**   **GRANDMA**
HOMEWORK   **JOGGING**   **OUTSIDE**
STUDY   **TECHNOLOGY**   **TRICK**

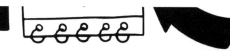

```
E A B B A S K E T B A L L
G J F J O Q O L E F P F G
C M R A L U R I R A T G O
U U W D W A Y B C T D C Y
D V K V R D S O E I J R D
J U S A X F E M S U L R L
M A V B O L I C A H K O Z
P R W N Y Y J L O J P A M
D J F R M O V U B L Z E V
L C T V C K U W A I O L O
B O B K W J P N P T N G Z
Q S E R U T A N G W O I Y
O Y N N U F K V S R Z S Z
```

BASKETBALL   DISCJOCKEY   ECOLOGY
FUNNY   MOBILE   NATURE
SECRET   SQUAD   YOUNG

Puzzle #1

```
R
E
L
A   N
I   O   J U M P
A   I       O
T       T D       P
A I C E C R E A M
R   O L A K   S
E   N I C   T
N   B     H A
G           E
              R
```

Puzzle #2

```
        B
R       U                   B
E   L Y T S E E R   F
T   C       A S       F
W   T       M     I
E   H C H A T     K
E   G       J
T   I       Y R A I D
    N       P
        E
          E
            T
```

Puzzle #3

```
F M X
D A E R
L G M
E   A
R   Z
    I
    T N E M A N R U O T
S W E E T
O T   M
U   O   A
N   R   G
D     Y
```

Puzzle #4

```
S S E R D
Q
C U R V E       N
C A R R Y G     O
R F H     A     I
L E V A R T     S
    N N       I S
    G   C     I   E
    R     Y   E     M
    Y         L
              E
              T
```

Puzzle #5

```
N
O                              Y
I                        R     R
S  E  N  O  H  P  D  A  E  H
S  P  O  O  L        R  H
I        O        K  B  T
M        R     I     I  O  M
R        T        L  M
E  P     C
P     H
M  A  E  R  T  S
G  N  I  L  E  E  F
```

Puzzle #7

```
            S  E  M  A  G  O  E  D  I  V
P     H     U
M  O  N  E  Y  G
W     T     K  F  A  M  I  L  Y
         P     O     R
         A     A  M
         R     L     S
R  O  T  C  U  R  T  S  N  I
         Y
```

Puzzle #6

```
S                          B
   C              L  E  A  D  E  R
      O           A  M
         O     U     E     B
            T        R
            I     E  D  T  X
         F        A  R  X
   U           N  A  I  E
L           C  D     V
      E  I           E
F  O  L  L  O  W
```

Puzzle #8

```
         F
            R
      S              I
         Y     C  E
         P  A  R  T  N  E  R
         M  E  D  E  S  D
      E        N  I  C  C  S
   R           N  C  L  E  H  H
A           G        I  O  S  O  I
         L           L  H  S  O  P
M  E  E  T  I  N  G              L
```

Puzzle #9

```
D I S C U S S
      N
    W I N N E R
    P     G
    D R E A M
      R T O C
  F E S T I V A L   N
      I           N
      T         D
      Y R T N U O C Y
```

Puzzle #11

```
              F
          U       Y
  S K A T E B O A R D
          U           D
          R   L U N C H T I M E
  E       C O M P U T E R
  I   J O M E       R
  O           P R I V A T E
  P L A Y E R B
```

Puzzle #10

```
          D S H A K E
        P E A C E   X
        L Z T     P
        E Z I     L
        C I W     O
        N P S M   R
        A   O A E
        C   T T
            I I
          U G V A T E
          G H A T
              T
              E
```

Puzzle #12

```
        D
      N   G
        E   H     C N
      T   I   O I   H O
      A       R S S A   T I
    D         U F   T   O
  P           M     Y R A B
U               O O   O M   R
              M N O B   L E
            A   L M   C
          N       I N
          C       N E   L E
          E L Y T S E   C
```

Puzzle #13

```
            E
            X
  N I A T P A C
    Y   E   I
    R       H
    I B O O N   S
    E N O I T A C U D E
  N           S K I L L
C H I L L   L A I C O S
E                 H
```

Puzzle #15

```
                    G N
                T U N E S
                R   I   N
      E         O   I T W
      G         N   R N O
      N         R   I A R
D N E G E L I A     P   K
A L   R         A
T L O W         M   I
E A W               I
    H                   N
    C                   A
```

Puzzle #14

```
        B
  L   R E M M U S
  U   E   E     H         S
  C A     T A P           S U N
  K       R R S   O       N
  Y       I E     I   W S
        L         N O S S E L
      F                   T R
```

Puzzle #16

```
              E G
          K   R   O P
        A A   W     I A S
      F N   W C     D   T
      D     T       O   R
    P     U F O     S   E
  A L U R   O           A
      E E   S           M
      V K               I
      E A               N
        L M             G
```

43

Puzzle #17

			C									
				I								
				T								
					S							
T	H					A						
N	N	A				T						
E		E	I		B	X	N					
D		R	R		E		A					
U		O	A	C	T	D		F				
U		T		T	P	U		R				
S	H	O	O	K	O		T		O			
E					H				O			
R					P					M		

Puzzle #18

G	N	I	S							
I		A		P						
R		M		M	H					
L	L	A	B	T	O	O	F			
F		Z	R		N	O		A		
R		I	U		E		D		T	
I		N	H					H		
E		G					E			
N									R	
D	O	O	F	T	S	A	F			

Puzzle #19

K	R	O	W	E	M	O	H				
	C									Y	
N	O	I	H	S	A	F			G		
		R		S	R			O	R	A	
			T		I		L		A		
		U			E	O			N		
	D			D	N				D		
Y			I	H	D				M		
	S	C			S				A		
T	E										
U	T										
J	O	G	G	I	N	G					

Puzzle #20

		B	A	S	K	E	T	B	A	L	L
			Q		L		E				
			U		I		R				
			A		B	C		D			
			D		O	E	I				
				E	M	S					
					C						
		Y		J		O					
			O			L					
	C			U			O				
K				N				G			
E	R	U	T	A	N	G			Y		
Y	N	N	U	F							

MAZES

It couldn't be simpler, to solve these mazes you just have to reach from the top to the bottom. Be careful, these are giant mazes! So... don't get lost :)

Maze #2

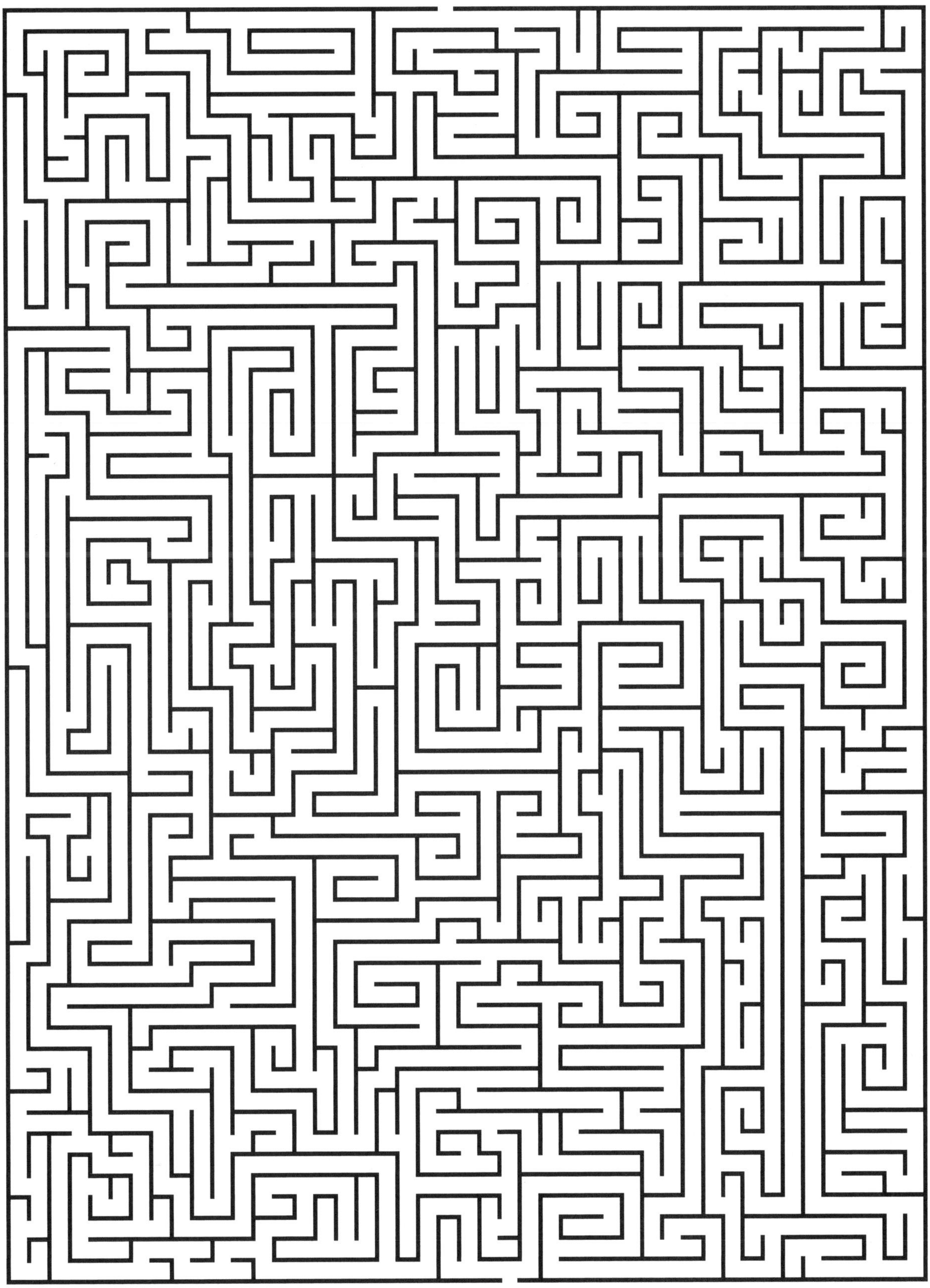

Maze #6

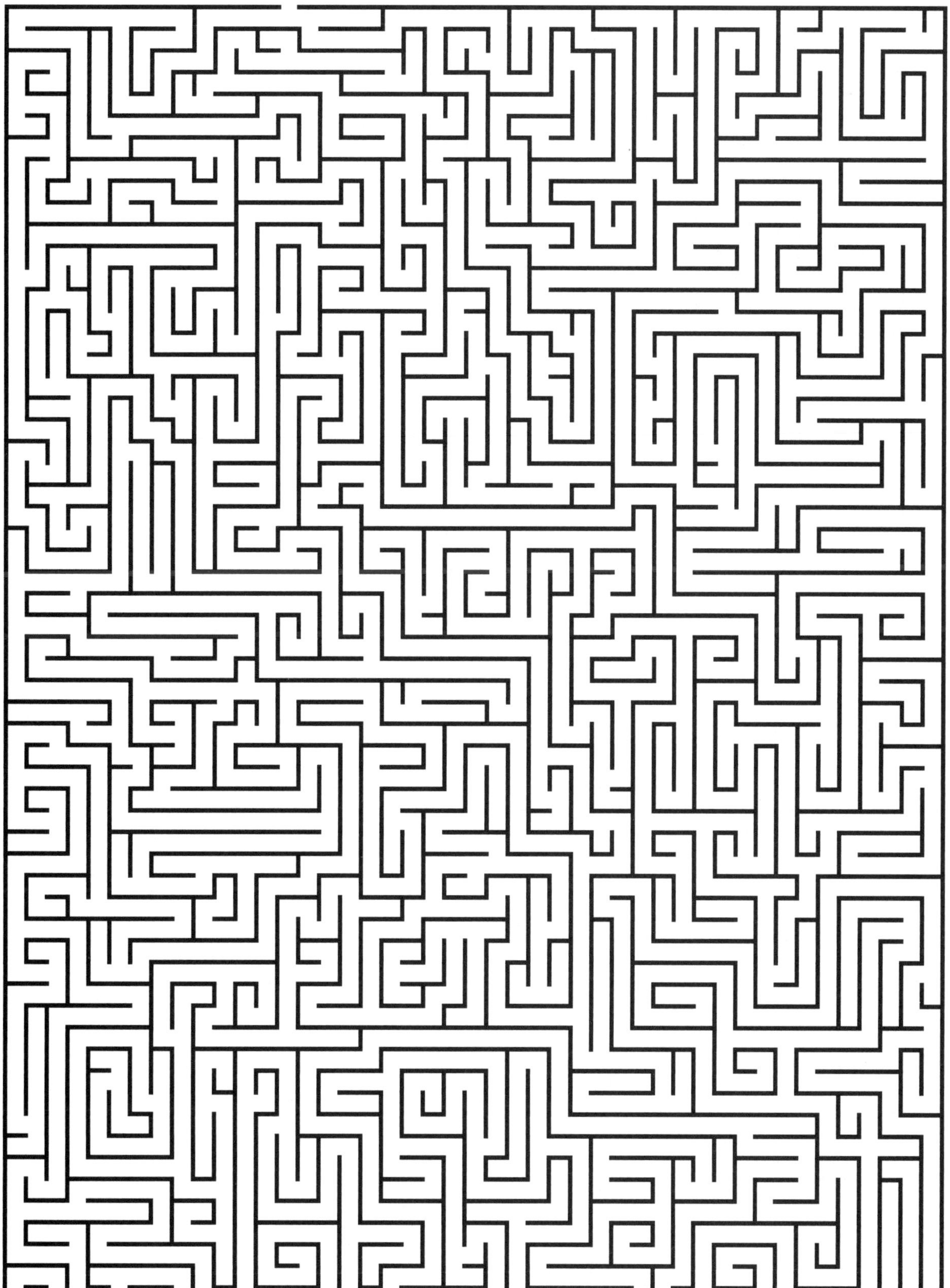

Maze #14

Maze #16

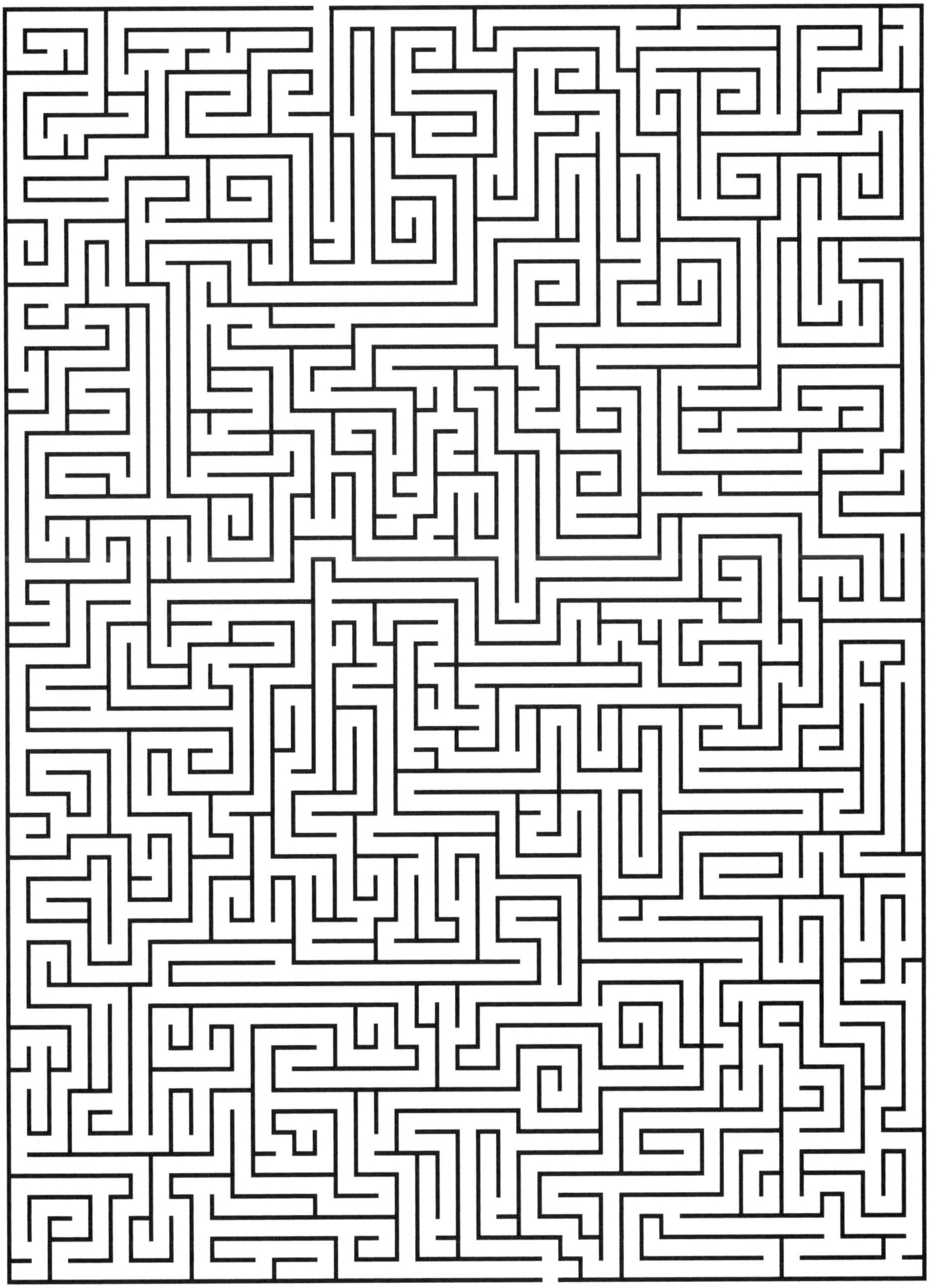

Maze #17

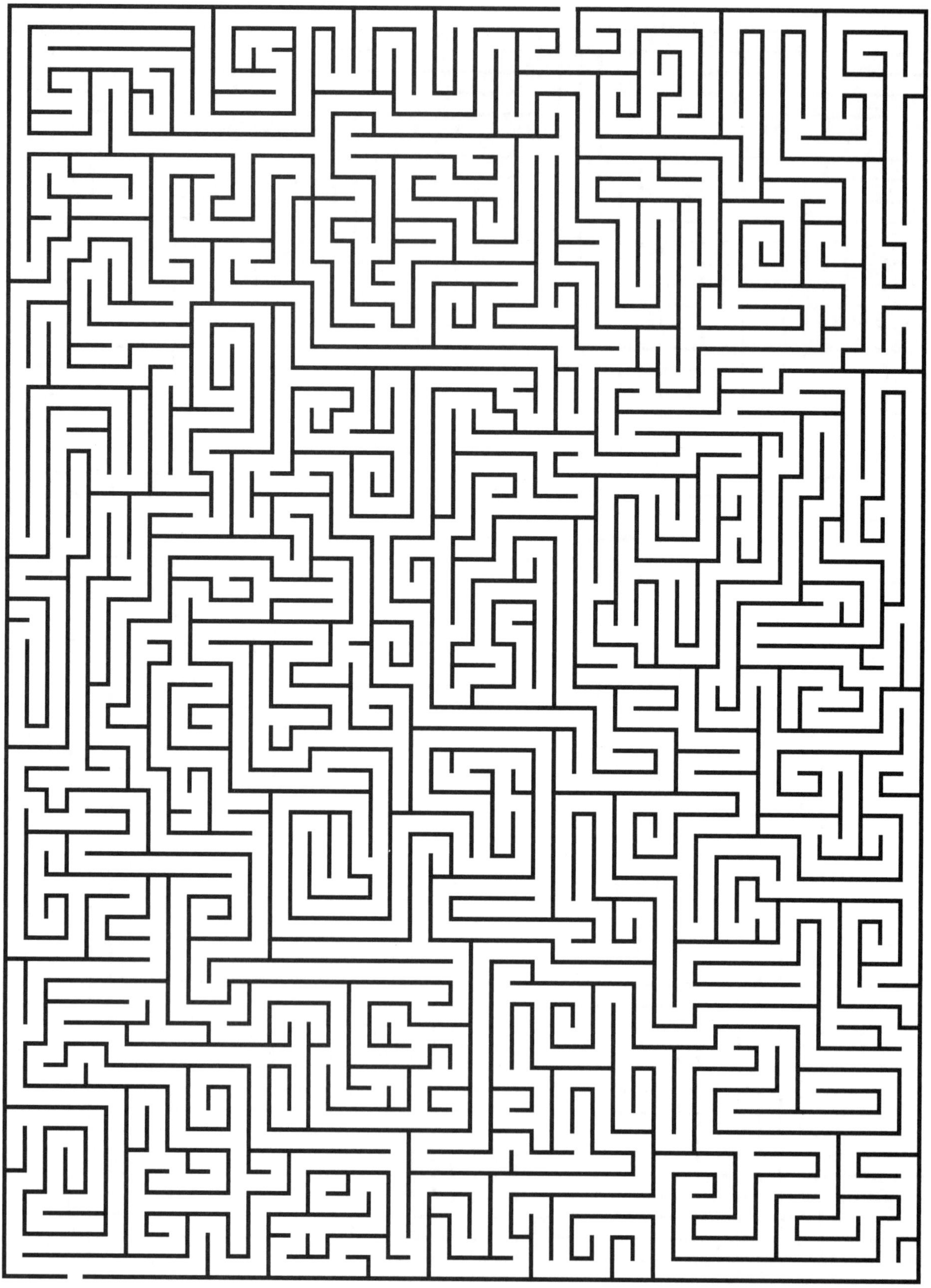

Maze #18

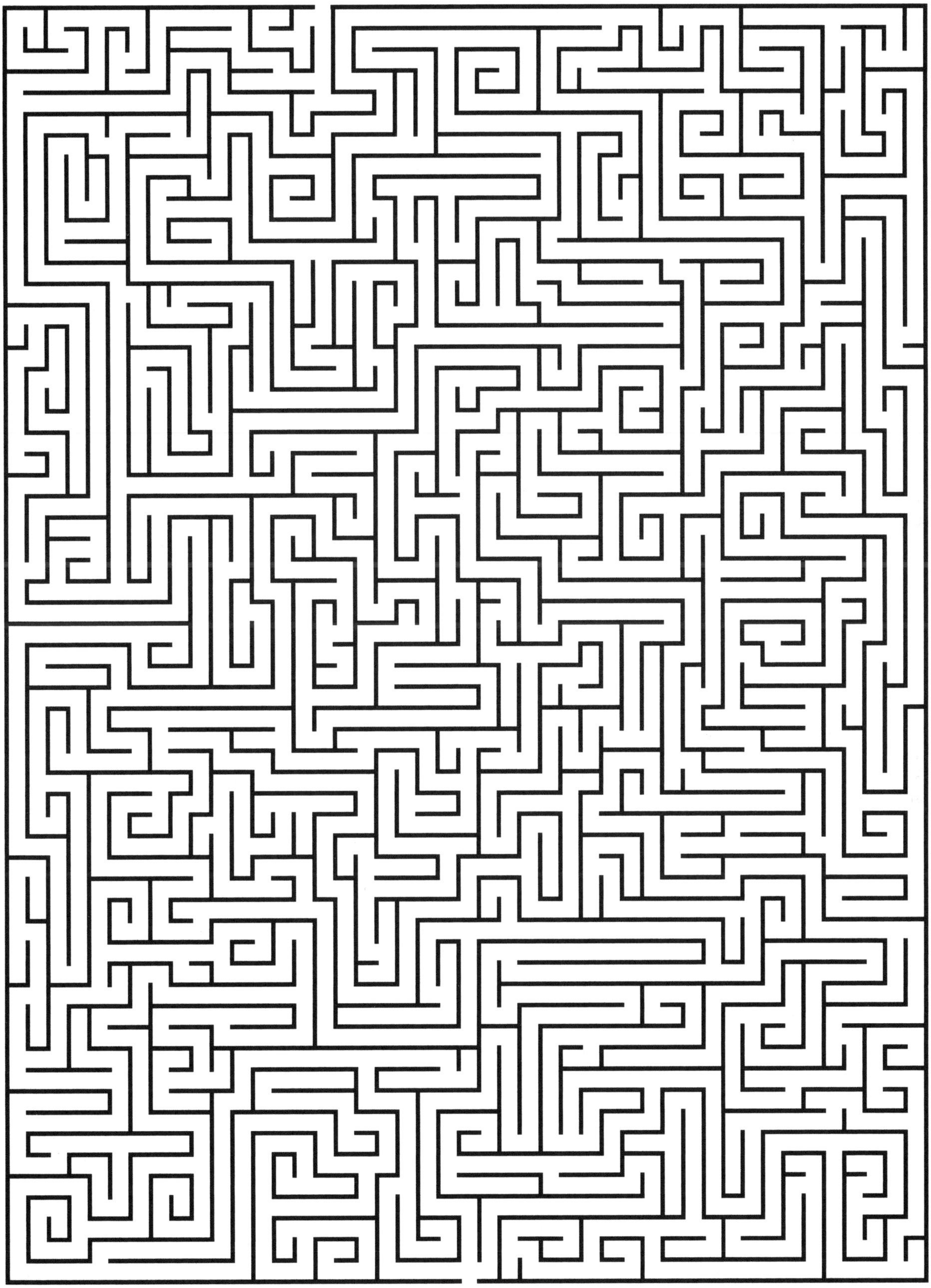

Maze #1

Maze #2

Maze #3

Maze #4

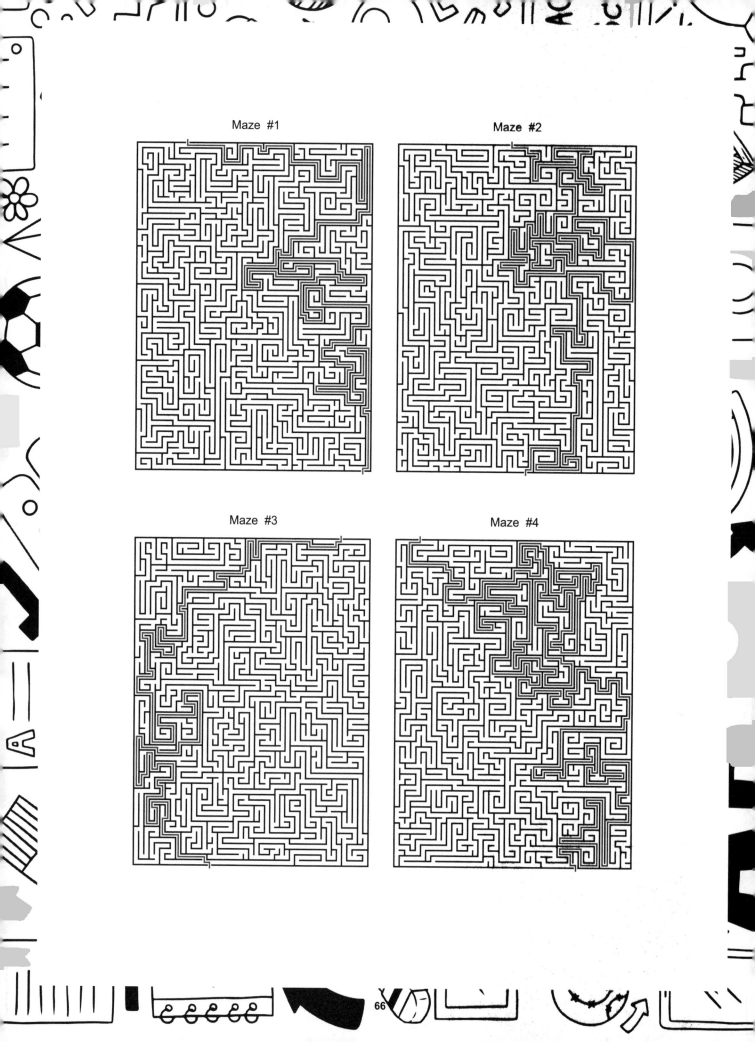

Maze #5

Maze #6

Maze #7

Maze #8

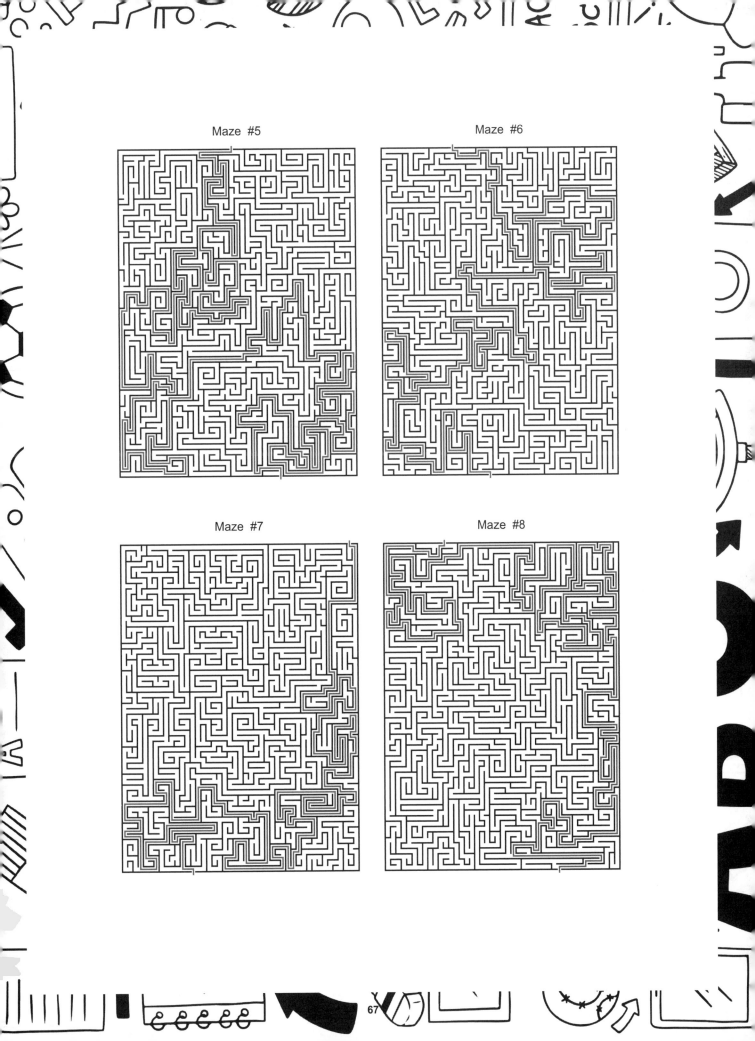

Maze #9

Maze #10

Maze #11

Maze #12

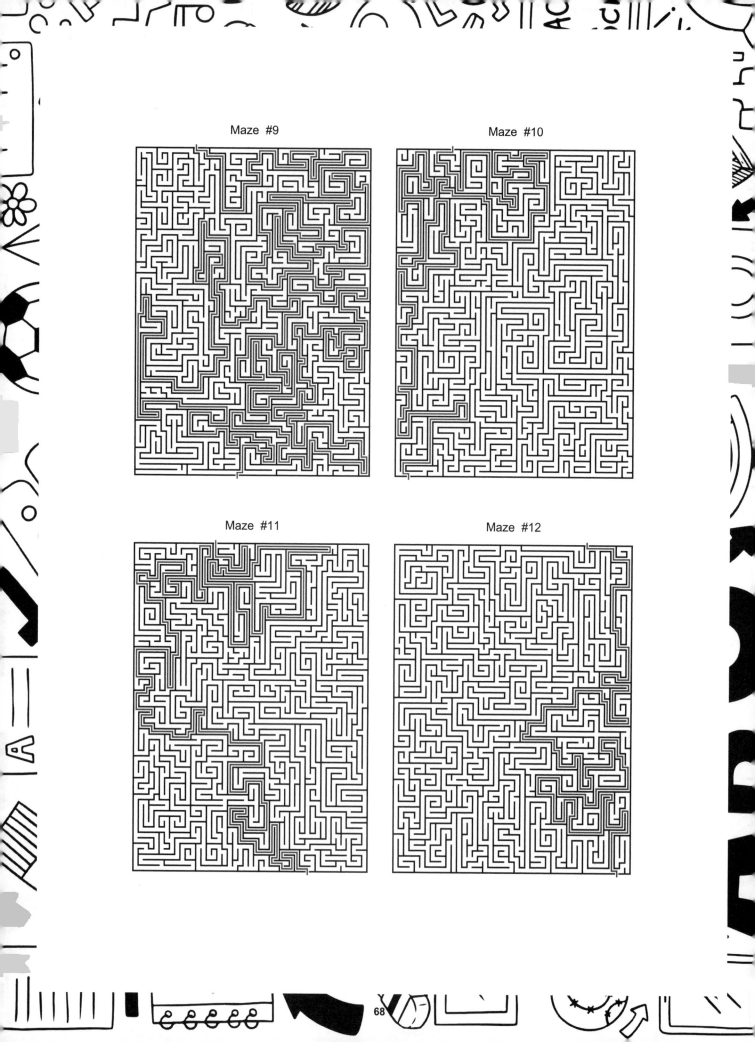

Maze #13

Maze #14

Maze #15

Maze #16

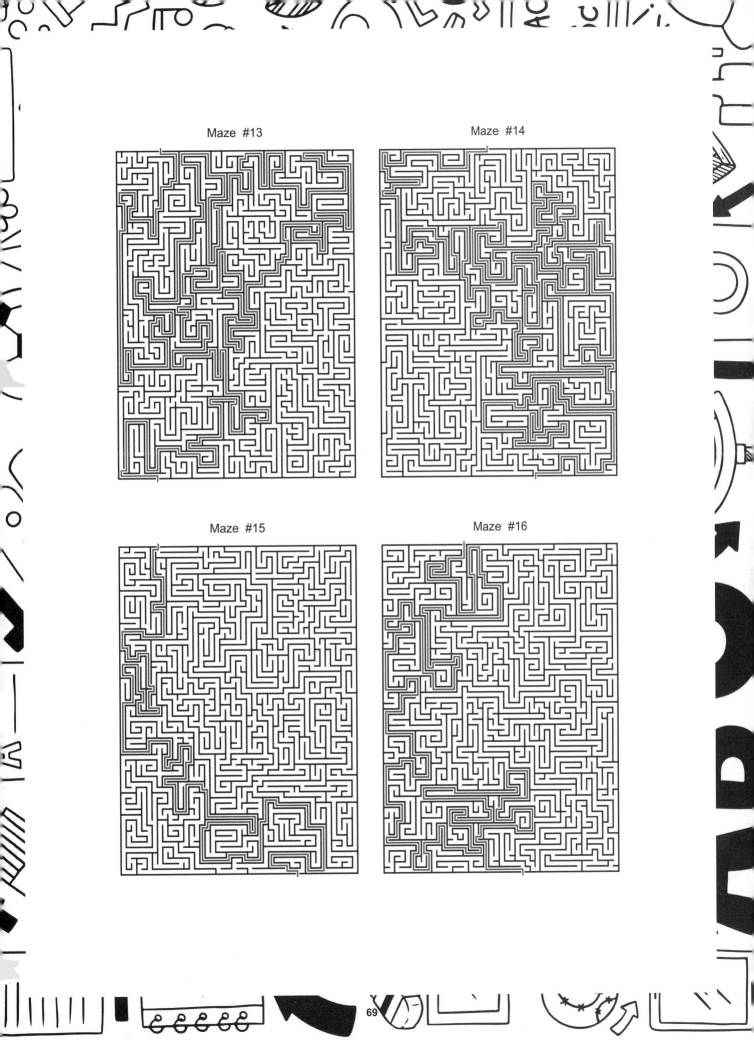

Maze #17

Maze #18

Maze #19

Maze #20

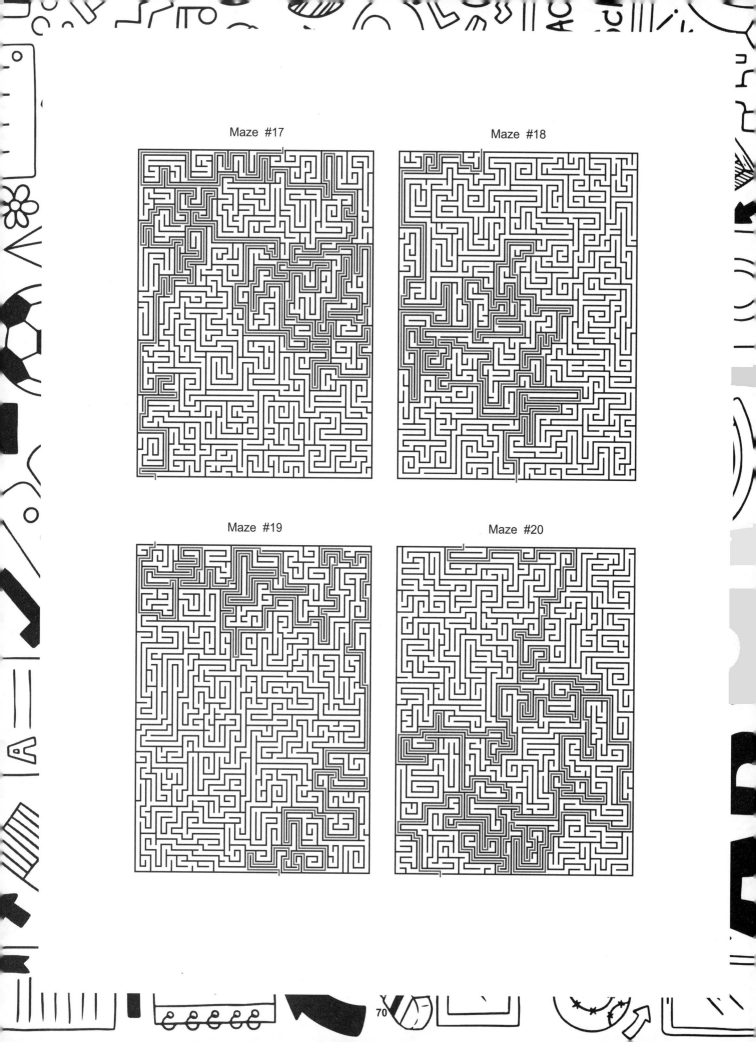